COSA HA PERSO LA TOPOLINA TEDESCA?

SCRITTO DA MARK PALLIS
ILLUSTRATO DA PETER BAYNTON

NEU WESTEND PRESS

Per Federico - MP

Per Hannah e Skye - PB

Cosa ha perso la topolina tedesca?
Copyright text © 2020 Mark Pallis e Copyright images © 2020 Peter Baynton

Tutti i diritti riservati. Questo libro o parte di esso non può essere riprodotto o utilizzato in alcun modo senza l'espressa autorizzazione scritta dell'editore, ad eccezione dell'uso di brevi estratti in una recensione.

First Printing, 2020
ISBN: 978-1-913595-16-6
NeuWestendPress.com

COSA HA PERSO LA TOPOLINA TEDESCA?

SCRITTO DA MARK PALLIS
ILLUSTRATO DA PETER BAYNTON

NEU WESTEND
— PRESS —

Nel bel mezzo di una grande città, c'è un piccolo edificio giallo. Se qualcuno perde qualcosa, è qui che finisce.

Si chiama L'Ufficio degli Oggetti Smarriti.

Il signore e la signora Rana tengono tutto al sicuro, sperando che tutti gli orologi e le borse e i telefoni e i giochi e le scarpe e le grattugie perse vengano ritrovate.

Ma il negozio è veramente piccolo. E ci sono così tanti oggetti smarriti. È tutto molto stretto, ma è comunque splendido.

Un giorno di sole, una topolina entrò.

« Benvenuta » disse il signor Rana. « Cos'hai perso? »

« Ich habe meine Pudelmütze verloren » disse la topolina.

Il signore e la signora Rana non parlavano tedesco. Non avevano idea cosa stesse dicendo la topolina.

Cosa dovremmo fare? pensavano.

Forse ha perso un ombrello. Tutti perdono un ombrello almeno due volte, pensò il signor Rana.

« Hai perso questo? » chiese il signor Rana.

« Ein Regenschirm? Nein » rispose la topolina.

Poi la signora Rana si ricordò: molti mesi fa, era stato trovato qualcosa...

« È tuo questo? » chiese la signora Rana, tenendo in mano un pezzo di formaggio.

« Käse? Nein. Er stinkt! » disse la topolina.

« Dovresti buttare quel formaggio nella spazzatura, cara » disse il signor Rana.

« Forse la parola 'Pudelmütze' vuol dire cappotto » disse il signor Rana.

« Ora, dove ho messo quello giallo? »

« Trovato! » disse il signor Rana.

« Ein Mantel? Nein. Ich habe meine Pudelmütze verloren » disse la topolina.

Iniziò a sentirsi un po' sconsolata.

« Dobbiamo continuare a provare » disse la signora Rana.

Kein Schal.

Keine Hose.

Kein Pulli.

Keine Sonnenbrille.

Keine Schuhe.

« Ich habe meine Pudelmütze verloren » disse la topolina.

Nicht zwei Fahrräder.

Kein Computer.

Nicht drei Bücher.

Nicht vier Bananen.

Nicht fünf Schlüssel.

Che disastro. Una grossa lacrima scese sulla guancia della topolina.

« Che ne dici di una tazza di tè? » chiese gentilmente la signora Rana.

« Ich liebe Tee. Danke » rispose la topolina. Si sedettero insieme, sorseggiando i loro tè e sentendosi un po' tristi.

La topolina ebbe un'idea incredibile: poteva indicare la sua testa.

« Pudelmütze! » disse.

« Ce l'ho! » esclamò la signora Rana, balzando in piedi.

« Ma certo, una parrucca! » disse la signora Rana.

« Keine Perücke » disse la topolina.

Nicht rot.

Nicht blond.

Nicht braun.

Nicht bunt.

Nicht grün.

« Che ne dici di questi? » chiese il signor Rana aprendo una tenda.

« Ja, ja, ja! » esclamò la topolina.

Zu hoch.

Zu klein.

Zu eng.

Zu groß.

« È rimasto solo un cappello » disse la signora Rana, andando fino al retro dell' armadio.

« Non è possibile che sia questo vecchio cappello, no? »

« Meine Pudelmütze! Ich habe meine Pudelmütze gefunden! Vielen Dank » disse la topolina.

« Ah, quindi 'Pudelmütze!' significa cappello. Meraviglioso! »

Il signor e la signora Rana erano contentissimi.

E così la topolina trovò il suo cappello
e il mondo tornò ad essere bello.

« Tschüss » disse la topolina e saltellò via.
« Tschüss » risposero il signore e la signora Rana.

« Mi chiedo chi verrà domani » disse il signor Rana.
La signora Rana lo circondò con il braccio.

« Non lo so » rispose lei, dandogli un abbraccio
« ma chiunque sia, noi faremo del nostro
meglio per aiutarlo. »

IMPARARE AD AMARE LE LINGUE

Un'ulteriore lingua apre la mente del bambino, amplia i suoi orizzonti e arricchisce la sua vita emotiva. Le ricerche hanno dimostrato che il periodo che intercorre tra la nascita di un bambino e il suo sesto o settimo compleanno è un "periodo d'oro", in cui è più ricettivo alle nuove lingue. Questo perché i bambini hanno una capacità intrinseca di distinguere i suoni che sentono e di dar loro un senso. Lo 'Story-Powered Language Learning Method' sfrutta queste capacità naturali.

COME FUNZIONA LO 'STORY-POWERED LANGUAGE LEARNING METHOD'?

Creiamo una storia emotivamente coinvolgente e divertente in modo da far divertire insieme bambini e adulti, come in qualsiasi altro libro illustrato. Gli studi dimostrano che l'interazione sociale, proprio come il godersi un libro insieme, è fondamentale nell'apprendimento delle lingue.

Attraverso la storia, introduciamo un personaggio riconoscibile che parla solo nella nuova lingua. Questo aiuta a costruire l'empatia e un atteggiamento positivo verso le persone che parlano lingue diverse. Questi sono entrambi aspetti importanti per gettare le basi di un linguaggio duraturo che verrà acquisito durante la vita del bambino.

Con il progredire della storia, il bambino lavora naturalmente con i personaggi per scoprire una vasta gamma di significati e nuove parole divertenti. L'uso strategico dell'umorismo assicura che questo apprendimento venga restituito inconsciamente attraverso le risate. Il bambino si sente bene e vengono piantati i primi semi di un amore per le lingue che durerà tutta la vita.

Per ulteriori informazioni e download gratuiti, visitate: www.neuwestendpress.com

ECCO TUTTE LE PAROLE TEDESCHE DELLA NOSTRA STORIA

Ich habe meine Pudelmütze verloren	*ho perso il mio cappello*
ein Regenschirm	*un ombrello*
käse	*formaggio*
er stinkt	*puzza*
ein Mantel	*un cappotto*
Schal	*sciarpa*
Hose	*pantaloni*
Sonnenbrille	*occhiali da sole*
Pulli	*maglione*
Schuhe	*scarpe*
eins	*uno*
zwei	*due*
drei	*tre*
vier	*quattro*
fünf	*cinque*
Computer	*un computer*
Bücher	*libri*
Schlüssel	*chiavi*
Bananen	*banane*
Fahrräder	*biciclette*
Ich liebe Tee	*amo il tè*
danke	*grazie*
Vielen Dank	*grazie mille*
Perücke	*una parrucca*
rot	*rossa*
blond	*bionda*
braun	*marrone*
grün	*verde*
bunt	*multicolore*
nein	*non*
ja	*si*
nein	*no*
zu hoch	*troppo alto*
zu groß	*troppo grande*
zu klein	*troppo piccolo*
zu eng	*troppo stretto*
Ich habe meine Pudelmütze gefunden	*ho trovato il mio cappello*
Tschüss	*addio*

IL MONDO DEI SIGNORI RANA

QUESTO LIBRO È DISPONIBILE ANCHE IN

TAGALOG
SPAGNOLO
RUMENO
ARABO
ALBANESE
INGLESE
EBRAICO
FRANCESE
LATINO
RUSSO
ENGLISH-ITALIAN

...E MOLTI ALTRI!

TI È PIACIUTO? LASCIATE UNA RECENSIONE E FATECI SAPERE!

@MARK_PALLIS TWITTER
WWW.MARKPALLIS.COM

@PETERBAYNTON INSTAGRAM
WWW.PETERBAYNTON.COM